Hello Spanish!

Índice — Contents

2-3	**Derechos del aprendiz de una lengua** — Rights of language learners	

Introducing yourself

4-5	**Me presento...** — This is me...	
6-7	**¡Hola!** — Hello!	

Come to my house!

8-9	**Mi familia** — My family
10-11	**En casa** — At home
12-13	**La cocina y el salón** — The kitchen and the living room
14-15	**Mi habitación y el cuarto de baño** — My bedroom and the bathroom

Out and about

16-17	**En la ciudad** — In town
18-19	**En el supermercado** — At the supermarket
20-21	**Mis alimentos favoritos** — My favourite foods
22-23	**En el parque** — At the park
24-25	**Los contrarios** — Opposites
26-27	**¡Compartimos!** — Let's share!
28-29	**En la piscina** — At the swimming pool
30-31	**En la biblioteca** — At the library

My day

32-33	**De camino** — Getting around
34-35	**En el colegio** — At school
36-37	**¿Qué hora es?** — What time is it?

Fun with friends

38-39	**Amigos por el mundo** — Friends from around the world
40-41	**El cuerpo** — The body
42-43	**Jugar** — Playing
44-45	**¡Feliz cumpleaños!** — Happy birthday!
46-47	**El tiempo** — Weather

Let's explore!

48-49	**En el zoo** — At the zoo
50-51	**En la playa** — At the beach
52-53	**El mundo submarino** — Under the sea
54-55	**En la granja** — At the farm
56-59	**Vocabulario anglo-español** — English to Spanish word list
60-62	**Vocabulario hispano-inglés** — Spanish to English word list
63	**Gramática útil** — Useful grammar

Derechos del aprendiz de una lengua

The rights of language learners

Learning Spanish is a really fun thing to do. You might know some of the words in this book already or you might never have seen them before.

Here are a few tips for you to remember as you practise the words you know and learn new ones.

1.
Derecho a practicar
The right to have a go

2.
Derecho a equivocarte
The right to make a mistake

3.

Derecho a pronunciar mal

The right to pronounce poorly

4.

Derecho a conocer a alguien que habla una lengua distinta a la tuya

The right to make friends with someone who speaks a different language from you

5.

Derecho a pedir que repitan

The right to ask someone to repeat

¿Se te ocurre algún otro?
Can you think of any others?

Me presento...

meh pres-<u>en</u>-to   *This is me...*

Start with the most important person: **you!** Learn how to tell other people your name and your age. Then ask them their name and how old they are. These are the first steps to making a new friend in Spanish.

Me llamo Aaliyah.
meh <u>yah</u>-mo al<u>ee</u>-ya
My name is Aaliyah.

Me llamo Steve.
meh <u>yah</u>-mo steev
My name is Steve.

¿Cómo te llamas?
<u>komo</u> teh <u>yah</u>-mas
What is your name?

Learn how to count up to 20

Presentarse
Introducing yourself

uno **oo**no one	**seis** **sayss** six	**once** **on**-theh eleven	**dieciséis** dee-eh-thee-**sayss** sixteen
dos **doss** two	**siete** **see-eh**-te seven	**doce** **doth**-eh twelve	**diecisiete** dee-eh-thee-see-eh-te seventeen
tres **trayss** three	**ocho** **ocho** eight	**trece** **treth**-eh thirteen	**dieciocho** dee-eh-thee-**och**-o eighteen
cuatro **kwa**-tro four	**nueve** **noo-eh**-beh nine	**catorce** kat-**or**-theh fourteen	**diecinueve** dee-eh-thee-noo-**eh**-beh nineteen
cinco **thin**-ko five	**diez** **dee-eth** ten	**quince** **kin**-theh fifteen	**veinte** **bayn**-teh twenty

Tengo ocho años.
tengo och-o **an**-yos
I am eight years old.

¿Cuántos años tienes?
kwan-toss **an**-yos tee-**yen**-es
How old are you?

Tengo seis años.
tengo sayss **an**-yos
I am six years old.

5

¡Hola!

oh-la　　　　Hello!

These words and phrases will help you to greet people in Spanish. Practise saying hello and goodbye in Spanish with your friends or family. Ask them how they are, too!

Por la mañana...
In the morning...

¡Hola!
oh-la Hi!

¡Hola!
oh-la Hello!

¿Cómo estás?
komo es-tas How are you?

Bien. ¿Y tú?
bee-yen ee too
I'm well. And you?

Bien.
bee-yen I'm well!

Presentarse
Introducing yourself

Por la tarde...
In the evening...

¡Buenas tardes!
bway-nas **tar**-des
Good afternoon!

¡Buenas tardes!
bway-nas **tar**-des
Good afternoon!

¡Buenas noches!
bway-nas **noch**-es *Goodnight!*

¡Adiós!
ah-dee-os *Goodbye!*

mi	su	vuestro
mee *my*	soo *his/her*	**vwes**-tro *yours*
tu	nuestro	su
too *your*	**nwes**-tro *ours*	soo *their*

7

Mi familia

mee fam-eel-ya   My family

Read about the families on this page then describe your own family. Try telling someone else about your family or, for an extra challenge, write about your family in sentences. Use the words in the box opposite to help you.

Este es mi padre. Se llama Ben. Lleva una camiseta.

es-teh ess mee pah-dreh seh yah-ma ben yeh-va oona kamee-seh-ta

This is my dad. His name is Ben. He's wearing a T-shirt.

Use these words to talk about people

¡Ven a mi casa!
Come to my house!

tú
too you
(one person, a friendly tone)

usted
oo-sted you
(one person, a polite tone)

yo
yo I

él/ella
el/eh-ya
he/she

nosotros
nos-otross
we

ellos/ellas
eh-yoss/eh-yass
they (male)/they (female)

el hermano/la hermana
el air-mah-no/la air-mah-na
brother/sister

el abuelo/la abuela
el ab-wel-o/la ab-wel-a
grandfather/grandmother

Esta es mi madre.
Se llama Mary.
Lleva una camisa.
es-ta ess mee mah-dreh
seh yah-ma mairee
yeh-va oona kamee-sa
This is my mum. Her name is Mary. She's wearing a shirt.

En casa

en kah-sa   At home

el árbol
el ar-bol tree

el nido
el nee-do nest

el garaje
el gar-rah-heh garage

el seto
el se-to hedge

la pelota
la pe-lota ball

el camino
el kam-een-o path

EL JARDÍN
el hardeen garden

el gusano
el goo-san-o worm

la flor
la flor flower

¡Ven a mi casa!
Come to my house!

la chimenea
la chimen-**eh**-ya chimney

LA CASA
la **kah**-sa house

el tejado
el teh-**had**-o roof

la ventana
la ben**tah**-na window

la valla
la **bah**-ya fence

la puerta
la **pwair**-ta door

el cubo de basura
el **koob**-o deh bas-**oo**-ra bin

la escalera
la eska**lair**-a ladder

la manguera
la man-**gair**-a hose pipe

el césped
el **thess**-ped grass

11

La cocina y el salón

la koth<u>ee</u>na ee el sal-<u>on</u> The kitchen and the living room

el cuchillo
el koo<u>chee</u>-yo knife

la nevera
la neh-<u>bair</u>a fridge

el horno
el <u>or</u>-no oven

el armario
el ar-<u>mah</u>-reeyo cupboard

LA COCINA
la koth<u>ee</u>na kitchen

la cuchara
la koo<u>chah</u>-ra spoon

el fregadero
el fregga-<u>dair</u>-o sink

el tenedor
el teneh-<u>dor</u> fork

¡Ven a mi casa!
Come to my house!

la escalera
la eskal-<u>aira</u> stairs

el teléfono
el teh-<u>leh</u>-fono telephone

el sofá
el soh-<u>fa</u> sofa

el cojín
el koh<u>een</u> cushion

la televisión
la teh-leh-vis-<u>yon</u> television

la taza de té
la <u>tath</u>-a deh <u>teh</u> cup of tea

el café
el ka-<u>feh</u> coffee

el sillón
el see-<u>yon</u> armchair

EL SALÓN
el sal-<u>on</u> living room

13

Mi habitación y el cuarto de baño

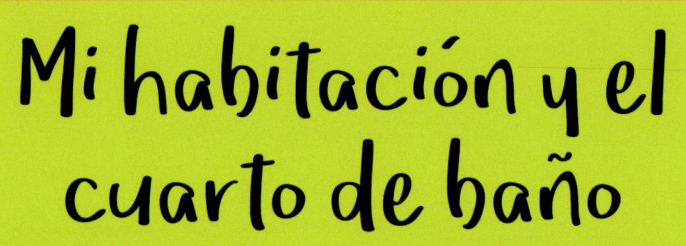

mee abeetath-yon ee el kwarto deh banyo

My bedroom and the bathroom

la ducha
la doocha shower

el espejo
el espeh-ho mirror

el cepillo de dientes
el thepee-yo deh dee-yentes toothbrush

la pasta de dientes
la pasta deh dee-yentes toothpaste

el jabón
el habbon soap

el lavabo
el labah-bo sink

el inodoro
el eeno-dor-o toilet

la bañera
la banyair-a bath

la toalla
la toh-walya towel

EL CUARTO DE BAÑO
el kwarto deh banyo bathroom

¡Ven a mi casa!
Come to my house!

las cortinas
lass kor-<u>teen</u>-ass curtains

el armario
el ar-<u>mah</u>-reeyo wardrobe

el póster
el <u>p</u>ostair poster

el despertador
el despairta-<u>dor</u> alarm clock

LA HABITACIÓN
la abeetath-<u>yon</u> bedroom

la cómoda
la <u>kom</u>-oda chest of drawers

el libro de colorear
el <u>lee</u>bro deh kolor-eh-<u>ar</u> colouring book

la cama
la <u>kah</u>-ma bed

la muñeca
la moon-<u>yeh</u>-ka doll

los trabajos manuales
loss trab-<u>ah</u>-hoss man-<u>wal</u>-ess crafts

las botas de fútbol
lass <u>bot</u>-ass deh <u>foot</u>-bol football boots

las zapatillas de ballet
lass thapa-<u>tee</u>-yass deh bah-<u>let</u> ballet shoes

15

En la ciudad

en la thee-oo-<u>dad</u> *In town*

el tren
el tren *train*

la oficina de correos
la ofee<u>thee</u>-na deh korr-<u>eh</u>-os *post office*

el camión de bomberos
el kamee-<u>on</u> deh bomb<u>air</u>-oss *fire engine*

el coche
el <u>ko</u>cheh *car*

la moto
la <u>mo</u>to *motorbike*

el taxi
el <u>tax</u>ee *taxi*

LA CIUDAD
la thee-oo-<u>dad</u> *town*

el coche de policía
el <u>ko</u>cheh deh polee<u>thee</u>-ya *police car*

Vamos de paseo
Out and about

el avión
el **abee-on** *aeroplane*

la estación de tren
la es-stath-**yon** deh tren *train station*

el cine
el **thee**-neh *cinema*

el aparcamiento
el ah-parkam-**yento** *car park*

el hospital
el osspee-**tal** *hospital*

el ayuntamiento
el ah-yoontam-**yento** *town hall*

la ambulancia
la amboo-**lan**-theea *ambulance*

el autobús
el ah-oo-to**boos** *bus*

LOS VEHÍCULOS
los veh-**hee**-kooloss *vehicles*

17

En el supermercado

en el soopair-mair-**kah**-do

At the supermarket

la caja
la **kah**-ha till

la pescadería
la peskadair-**ee**-a
fishmonger

la carnicería
la karneethair-**ee**-a
butcher

el marisco
el mar**ee**sko seafood

la carne
la **kar**-neh meat

la cesta
la th**ess**-ta
shopping basket

la verdura
la bair-**doo**-ra vegetables

EL SUPERMERCADO
el soopair-mair-**kah**-do supermarket

18

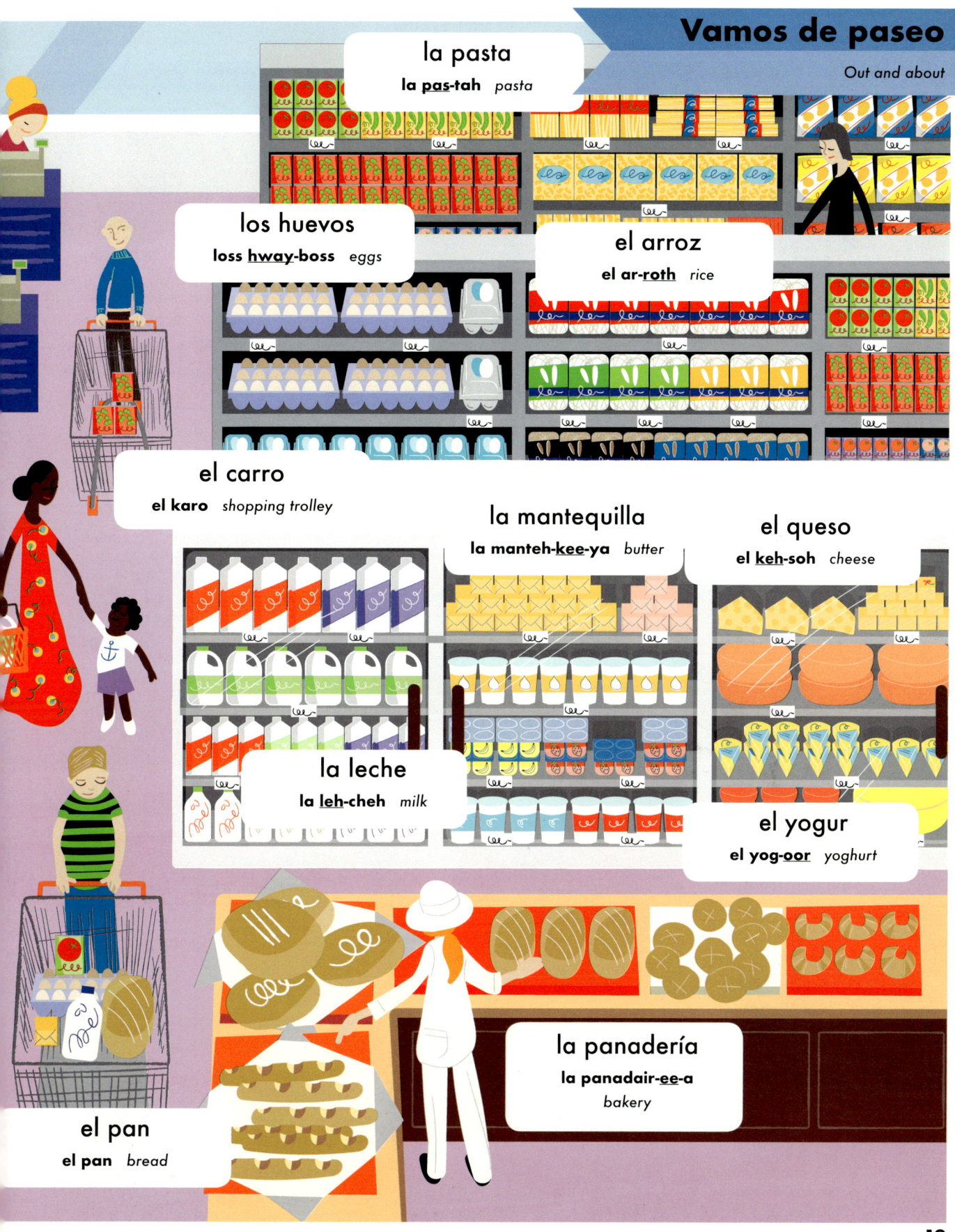

Vamos de paseo
Out and about

la pasta
la **pas**-tah *pasta*

los huevos
loss **hway**-boss *eggs*

el arroz
el ar-**roth** *rice*

el carro
el **karo** *shopping trolley*

la mantequilla
la manteh-**kee**-ya *butter*

el queso
el **keh**-soh *cheese*

la leche
la **leh**-cheh *milk*

el yogur
el yog-**oor** *yoghurt*

la panadería
la panadair-**ee**-a *bakery*

el pan
el pan *bread*

19

Mis alimentos favoritos

meess alee-men-toss fabo-ree-toss *My favourite food*

It's great to try new food but there are some foods we like more than others. Try these phrases out with your family at meal times to explain what tastes good and what you're not so keen on.

¡Me gustan los plátanos!
meh goos-tan loss plat-anoss

I like bananas!

¡No me gustan las uvas!
noh meh goos-tan lass oobass

I don't like grapes!

¿Te gusta el helado?
teh goos-ta el el-lah-do

Do you like ice cream?

---

me encanta
meh en-kan-ta *I love*

odio
od-ee-o *I hate*

favorito/favorita
fahbor-ee-toh / fahbor-ee-ta *favourite*

la manzana
la man-thah-na *apple*

la naranja
la nah-ran-hah *orange*

Vamos de paseo
Out and about

¡Sí! Me gusta mucho el helado de pistacho.
see meh goos-ta moo-cho el el-lah-do deh pees-ta-cho
Yes! I like really pistachio ice cream.

¿Te gusta la pizza?
teh goos-ta la peet-za
Do you like pizza?

No, prefiero la pasta.
noh pref-ee-air-o la pas-tah
No, I prefer pasta.

Use these words to talk about food

la fresa la **fray**-sa *strawberry*	**el brócoli** el **brok**-olee *broccoli*	**las patatas fritas** lass pat-**ah**-tass **free**tass *chips*
la frambuesa la fram-**bway**-sa *raspberry*	**la zanahoria** la thanah-**or**-ee-a *carrot*	**la salchicha** la sal**chee**-cha *sausage*
la pera la **pair**-a *pear*	**las judías verdes** lass hoo-**dee**-ass **bair**-dess *green beans*	**el pastel** el **pas-tel** *cake*
el melocotón el meh-lo-ko**ton** *peach*	**las frutas** lass **froo**-tass *fruit*	**el pollo** el **poy**-yo *chicken*
el tomate el tom-**ah**-teh *tomato*	**el maíz** el mah-**eess** *sweetcorn*	**el puré de patatas** el poo-**reh** deh pat-**ah**-tass *mashed potato*

En el parque

en el parkeh — At the park

el cisne
el **thees**neh — swan

el monopatín
el **moh-noh pateen** — skateboard

el puente
el **pwen**-te — bridge

el banco
el **ban**-ko — bench

el béisbol
el **base**-bol — baseball

la cometa
la **komeh**-ta — kite

el fútbol
el **foot**-bol — football

el río
el **ree**-o — river

el pájaro
el **pa**-hah-ro — bird

el pato
el **pat**-o — duck

EL PARQUE
el **park**eh — park

Vamos de paseo
Out and about

el tenis
el <u>ten</u>-eess *tennis*

el baloncesto
el balon-<u>thess</u>-sto *basketball*

la gimnasia
la hin-<u>ah</u>-seea *gymnastics*

la bicicleta
la bee-thee-<u>klet</u>-a *bicycle*

el rugby
el <u>roog</u>-bee *rugby*

EL DEPORTE
el dep-<u>ort</u>-eh *sport*

el helado
el el-<u>lah</u>-do *ice cream*

el perro
el <u>peh</u>-ro *dog*

la ardilla
la <u>ardee</u>-ya *squirrel*

23

Los contrarios

loss kon-<u>trah</u>-reeoss   Opposites

In this woodland, the animals are helping to show you some words and their opposites. Can you find the pairs of opposites that go together? You can use the opposites to help you compare things.

El ciervo es grande.
el thee-<u>air</u>-bo ess <u>gran</u>-deh
The deer is big.

El ratón está debajo de la hoja.
el rat-<u>on</u> ess-<u>ta</u> deb-<u>ah</u>-ho deh la <u>o</u>-ha
The mouse is under the leaf.

El erizo está abajo.
el air-<u>ee</u>-tho essta <u>abah</u>-ho
The hedgehog is low down.

La mariquita está encima de la piedra.
la maree-<u>kee</u>-ta ess-<u>ta</u> en-<u>thee</u>-ma deh la pee-<u>ed</u>-ra
The ladybird is on top of the stone.

Vamos de paseo
Out and about

Use these handy phrases to compare things

El pájaro está dentro pero la ardilla está fuera.
el <u>pa</u>-hah-ro ess-<u>ta</u> <u>den</u>tro <u>pair</u>-o la ard<u>ee</u>-ya ess-<u>ta</u> <u>fwair</u>-a
The bird is inside but the squirrel is outside.

La oruga es más pequeña que el ciervo.
la or<u>oo</u>-ga ess mass pek-<u>en</u>-ya keh el thee-<u>air</u>-bo
The caterpillar is smaller than the deer.

El búho es el que está más arriba.
el <u>boo</u>-hoh ess el keh ess-<u>ta</u> mass ar<u>ee</u>-ba
The owl is the most high up.

La ardilla está fuera.
la ard<u>ee</u>-ya ess<u>ta</u> <u>fwair</u>-a
The squirrel is outside.

El búho está arriba.
el <u>boo</u>-ho ess<u>tah</u> ar<u>ee</u>-ba
The owl is high up.

El pájaro está dentro.
el <u>pa</u>-hah-ro ess-<u>ta</u> <u>den</u>tro
The bird is inside.

La oruga es pequeña.
la or<u>oo</u>-ga ess pek-<u>en</u>-ya
The caterpillar is small.

Did you match the pairs correctly?

arriba — abajo
ar<u>ee</u>-ba — a<u>bah</u>-ho
high — low

grande — pequeño
<u>gran</u>-deh — pek-<u>en</u>-yo
big — small

dentro — fuera
<u>den</u>tro — fwaira
inside — outside

encima — debajo
en-<u>thee</u>-ma — deb-<u>ah</u>-ho
on top — under

25

¡Compartimos!

kompart-ee-moss — *Let's share!*

Picnics are great fun! To make sure everyone gets what they want, you'll need to share. Practise these words and phrases so you can ask for what you want and offer food to your friends.

Me apetecen patatas, por favor.
me apet-eth-en pat-ah-tass poor fab-or
I would like some crisps, please.

¡Aquí tienes!
akee tee-yen-ess
Here you go!

Gracias.
grath-ee-ass
Thank you.

Use these handy phrases to share things

Vamos de paseo
Out and about

Tengo bastante.
tengo bass-tan-teh
I have enough.

Es demasiado.
ess demass-yah-do
It's too much.

Es mucho.
ess moo-cho
It's a lot.

¿Quieres más pan?
kee-air-ess mass pan
Do you want some more bread?

¿Quieres un bocadillo?
kee-air-ess oon boka-deeyo
Do you want a sandwich?

Sí, dame uno.
see dam-eh oono
Yes, I'd like one.

¿Compartimos un pastel?
kompart-ee-moss oon pastel
Shall we share a cake?

27

En la piscina

en la pee-theen-a   At the swimming pool

yo nado
yo nah-doh   I am swimming

el corcho
el kor-cho
diving board

el socorrista/la socorrista
el sokor-ee-sta/la sokor-ee-sta   lifeguard

la natación
la natathee-on   swimming

las formas
lass formass   shapes

el rectángulo
el rektan-goolo   rectangle

el hexágono
el ex-agono   hexagon

el paralelogramo
el paralelo-gram-o   parallelogram

el pentágono
el pen-tagono   pentagon

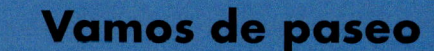

Vamos de paseo
Out and about

el champú
el cham-**poo** *shampoo*

las gafas de natación
lass **ga**fass deh natathee-**on**
swimming goggles

el traje de baño
el **tra**-heh deh **ban**yo
swimming costume

el gorro de piscina
el **goh**-ro deh pee-**theen**-a *swimming cap*

el cursillo de natación
el koor-**see**-yo deh natath-**yon**
swimming lesson

los manguitos
loss man-**gee**-toss *armbands*

LA PISCINA
la pee-**theen**-a *swimming pool*

la estrella la ess**tray**-a *star*	**el óvalo** el **oh**-balo *oval*	**el cuadrado** el kwah-**drad**-o *square*
el rombo el **rom**bo *rhombus*	**el círculo** el **theer**-koo-lo *circle*	**el triángulo** el tree-**an**-goolo *triangle*

29

En la biblioteca
en la beebleeo-tek-a   At the library

los cuentos
loss kwen-toss   stories

la estantería
la ess-tant-airee-a   shelf

el cómic
el ko-meek   comic

el pirata
el pee-rah-ta   pirate

la bruja
la broo-ha   witch

el hada
el ah-da   fairy

el unicornio
el oonee-korn-eeo   unicorn

la sirena
la see-rain-a   mermaid

el caballero
el kaba-yair-o   knight

la princesa
la preen-thessa   princess

Vamos de paseo
Out and about

había una vez...
ah-**bee**-ya oona veth
once upon a time...

la hora del cuento
la **or**-a del **kwen**-to *storytime*

el dragón
el **drah**-gon *dragon*

el bibliotecario/ la bibliotecaria
el/la beebleeo-tek-**ar**-eeo/a
librarian

el castillo
el kas**tee**-yo *castle*

el ordenador
el ordenad-**dor** *computer*

LA BIBLIOTECA
la beebleeo-**tek**-a *library*

31

De camino

deh ka<u>mee</u>-no Getting around

It's important to know how to ask for directions, especially when you're somewhere new. Learn these words and phrases to make sure you never get lost! You can use them to chat to people about how you get around, too.

¿Cómo vas al colegio?
<u>ko</u>mo bass al kol-<u>eh</u>-heeo
How do you go to school?

Yo voy al colegio en autobús.
yo boy al kol-<u>eh</u>-heeo en ah-oo-tob-<u>ooss</u>
I go to school by bus.

Yo voy al colegio andando.
yo boy al kol-<u>eh</u>-heeo an-<u>dan</u>-doh
I walk to school.

Yo voy al colegio en bicicleta.
yo boy al kol-<u>eh</u>-heeo en bee-thee-<u>klet</u>-a
I go to school by bike.

Mi día
My day

Las direcciones
lass deerek-thee<u>on</u>-ess
Directions

a la izquierda
ah la eeth-kee-<u>air</u>-da on the left

a la derecha
ah la dair-<u>eh</u>-cha on the right

todo recto
<u>tod</u>-o <u>rekto</u> straight on

al lado de
al <u>lad</u>-o deh next to

enfrente
en-<u>fren</u>-teh in front of

en tren
en tren by train

en coche
en <u>koch</u>eh by car

¿dónde está?
dondeh ess-<u>ta</u> where is it?

allí
ah-<u>yee</u> over there

aquí
ah-<u>kee</u> here

Perdón.
pair-<u>don</u>
Excuse me.

¿Para ir a la biblioteca?
<u>par</u>-a eer a la beebleeo-<u>tek</u>-a
How do I get to the library?

Gira a la derecha. Está al otro lado de la calle.
<u>heer</u>a a la dair-<u>eh</u>-cha ess-<u>ta</u> al <u>ot</u>-ro <u>lad</u>-o deh la <u>kah</u>-yey
Turn right. It's across the road.

¿Está lejos el parque?
ess-<u>ta</u> <u>leh</u>-hoss el <u>park</u>eh
Is the park far?

No, está muy cerca.
noh ess-<u>ta</u> mwee <u>thair</u>-ka
No, it's very near.

33

En el colegio
en el kol-eh-heeo — At school

la pizarra
la **peeth-ah-rah** whiteboard

el calendario
el **kalen-dar-eeo** calendar

el abecedario
el **abeh-theh-dar-eeo** alphabet

el bolígrafo
el **bol-ee-grafo** pen

el maestro
el **mah-eh-stro** teacher (man)

el pegamento
el **pega-mento** glue

las tijeras
lass **tee-hair-ass** scissors

la silla
la **see-ya** chair

34

Mi día
My day

¡responded! res-**pon**-ded answer

¡repetid! reh-peh-teed repeat

¡mirad! **mee**-rad look

¡escuchad! es-**koo**-chad listen

el reloj el rel**okh** clock

la maestra la mah-**eh**-stra teacher (woman)

la mesa la **meh**-sa desk

el libro el **leebro** book

el papel el pap-**el** paper

las pinturas lass peen-**too**-rass paints

LA CLASE la **klass**-eh classroom

el lápiz de color el **lap**-eeth deh kol**or** colouring pencil

35

¿Qué hora es?

keh <u>o</u>ra ess — *What time is it?*

At what time do you get up? Have lunch? Go to bed? It's handy to know the right words to ask the time or explain when you do things. Try out some of these useful words and phrases to talk about your day.

Me levanto a las siete. Desayuno.
meh lev-<u>an</u>-toh ah lass see-<u>et</u>-eh dessa-<u>yoo</u>-no
I get up at 7 o'clock. I eat breakfast.

A mediodía, como en el colegio.
a <u>med</u>-eeo <u>dee</u>-ya komo en el kol-eh-heeo
I eat lunch at school at midday.

La semana
la say-<u>mah</u>-na *The week*

lunes
<u>loon</u>-ess *Monday*

martes
<u>mar</u>-tess *Tuesday*

miércoles
mee-<u>air</u>-koless *Wednesday*

jueves
hoo-<u>ay</u>-vess *Thursday*

Mi día
My day

Vuelvo a casa a las tres y cuarto. Meriendo.
vwelvo a kah-sa ah lass tress ee kwart-o
merry-en-doh
I go home at quarter past three. I eat a snack.

Ceno con mi familia a las seis y media.
thay-no kon mee fameel-ya ah lass sayss ee med-ya
I eat dinner with my family at half past six.

Me acuesto a las ocho menos cuarto.
meh akwesto ah lass och-o may-noss kwart-o
I go to bed at quarter to eight.

viernes	domingo	ayer
vee-air-ness Friday	dom-een-go Sunday	ah-yair yesterday
sábado	hoy	mañana
sab-ad-o Saturday	oy today	man-yan-a tomorrow

37

¡Amigos por el mundo!

am-ee-goss poor el moon-doh　　　　　　　　*Friends from around the world!*

It's great to meet people from different parts of the world. You can learn about other countries and what life is like there, and you can tell your new friends what it's like where you live. These words and phrases will help you.

Soy de Inglaterra. Está en Europa.
**soy deh eengla-taira
ess-ta en ay-oo-ropa**
I'm from England. It's in Europe.

Ella es de Chile. Está en América del Sur.
eh-ya ess deh cheel-eh ess-ta en amair-eeka del soor
She's from Chile. It's in South America.

¿De dónde eres?
deh don-theh air-ess
Where are you from?

Él es de Mali. Está en África.
el ess deh mal-ee ess-ta en af-reeka
He's from Mali. It's in Africa.

Nos divertimos juntos
Fun together

¿Hablas inglés?
ab-lass een-**gless**
Do you speak English?

No, hablo español.
no **ab**-lo espan-**yol**
No, I speak Spanish.

Sí, hablo inglés y también hindi.
see **ab**-lo een-**gless** ee tamb-**yen h**indi
Yes, I speak English and Hindi as well.

Alrededor del mundo
alred-eh-**dor** del **moon**-doh
Around the world

los Estados Unidos
loss est**ah**-doss oon-**ee**-doss — the United States

Australasia
ah-oostral-**ah**-seea — Australasia

Canadá
kana-**da** — Canada

Asia
ah-seea — Asia

la Antártida
la an-**tar**-teeda — Antarctica

el Caribe
el kah-**ree**-beh — the Caribbean

el mundo
el **moon**-doh — world

el continente
el kontee-**nen**-teh — continent

el idioma
el eedee-**om**-a — language

el país
el pah-**eess** — country

39

El cuerpo

el koo-air-po   *The body*

The words and phrases on these pages are all about our bodies. Use them to describe your appearance, say when you've hurt yourself or even play Simon Says! In Spanish, this game is called Simón dice!

Tengo el pelo rizado y pelirrojo, y los ojos azules.
tengo el paylo reethado ee pelee-ro-ho ee loss o-hoss ath-oo-less
I have curly, red hair and blue eyes.

Tengo el pelo largo y negro, y los ojos marrones, ¿y tú?
tengo el paylo largo ee nay-gro ee loss o-hoss maron-ess ee too
I have long, black hair and brown eyes. And you?

other parts of the body

Nos divertimos juntos
Fun together

la boca	**el brazo**	**la pierna**	**los hombros**
la **bokka** mouth	el **brah**-tho arm	la pee-**yairna** leg	loss **ombros** shoulders
las orejas	**el codo**	**el pie**	**la cabeza**
lass **oreh**-hass ears	el **kodo** elbow	el pee-**yeh** foot	la ka**beh**-tha head
los labios	**el dedo**	**el dedo del pie**	**la nariz**
loss **lab**-eeyoss lips	el **dehdo** finger	el **dehdo** del pee-**yeh** toe	la na**reeth** nose

¿Dónde te duele?
don-theh teh **dway**-leh
Where does it hurt?

Me duele la rodilla.
meh **dway**-leh la rod-**ee**-ya
My knee hurts.

Me duele la barriga.
meh **dawy**-leh la bar-**ee**-ga
My tummy hurts.

Simón dice: "Tócate la cabeza".
see-**mon dee**-theh **tok**-ah-teh la ka**beh**-tha
Simon says, touch your head.

Simón dice: "Tócate la nariz".
see-**mon dee**-theh **tok**-ah-teh la na**reeth**
Simon says, touch your nose.

Jugar

hoo-gar — Playing

trepar
trep-ar climbing

saltar a la comba
sal-tar ah la kom-ba skipping

esconderse
eskon-dair-seh hiding

llevar
yev-ar carrying

empujar
empoo-har pushing

correr
koh-rair running

abrazarse
abra-thar-seh hugging

EL PATIO
el pat-eeo playground

Nos divertimos juntos
Fun together

sentarse
sen-tar-seh sitting

gritar
greet-ar shouting

cantar
kan-tar singing

leer
leh-air reading

estar de pie
ess-tar deh pee-yeh standing

bailar
bah-ee-lar dancing

saltar
sal-tar jumping

lanzar
lan-thar throwing

caminar
kam-een-ar walking

estirar
ess-teer-ar pulling

¿Qué hace él?
keh ath-eh el
What is he doing?

¿Qué hace ella?
keh ath-eh ay-a
What is she doing?

43

¡Feliz cumpleaños!

fay-leez koomplay-an-yoss — *Happy birthday!*

entusiasmado/a
entoo-seeas-math-o/a
excited

enfadado/a
enfa-thah-tho/a
angry

tengo hambre
tengo am-bree
I'm hungry

tengo sed
tengo seth
I'm thirsty

el pastel
el pas-tel
cake

los caramelos
loss kara-meh-loss *sweets*

el batido
el bat-ee-tho *milkshake*

el chocolate
el chokko-lah-teh *chocolate*

la galleta
la gah-yeta *biscuit*

LAS EMOCIONES
lass em-othee-o-ness emotions

Nos divertimos juntos
Fun together

feliz
fay-leez happy

sorprendido/a
soor-pren-deeth-o/a surprised

triste
treesteh sad

tímido/a
teemeed-o/a shy

cansado/a
kan-sah-tho/a tired

la pizza
la peet-za la pizza

LA FIESTA
la fee-essta party

¿Cuándo es tu cumpleaños?
kwand-o ess too koomplay-an-yoss
When is your birthday?

Mi cumpleaños es el...
me koomplay-an-yoss ess el My birthday is on...

Ven a mi fiesta
ben ah mee fee-est-a Come to my party

Me siento...
meh see-ent-o I feel...

la tarjeta
la tar-het-a card

el regalo
el reg-ah-lo present

45

El tiempo

el tee-empo *The weather*

Do you like sunny days, splashing in puddles or throwing snowballs? Learn these words and phrases to describe what it's like outside, whatever the weather, and say what you do in each season of the year.

En primavera...
In the spring...

Llueve y hay nubes.
way-beh ee ah-yee noo-bess
It's raining and it's cloudy.

Llevo mis botas de agua y mi chubasquero.
yebo meess bot-ass deh agwa ee mee choobas-kair-o
I'm wearing my wellingtons and my raincoat.

En verano...
In the summer...

¡Hace sol y calor!
ath-eh sol ee kal-or
It's a sunny day. It's hot!

¡Vamos a buscar insectos!
bam-oss ah booss-kar een-sek-toss
Let's go and find insects!

Nos divertimos juntos
Fun together

En otoño...
In the autumn...

¡Hacemos volar una cometa!
ath-**em**-oss bol-**ar** **oo**na kom-**ay**-ta
Let's fly a kite!

Hace viento. Llevo mi abrigo y él lleva su bufanda.
ath-eh bee-**en**-to **ye**bo mee ab-**ree**-go ee el **ye**ba soo boof-**an**-da
It's windy. I'm wearing my coat and he's wearing his scarf

Nieva y hace frío.
nee-**eh**-ba ee **ath**-eh **free**-o
It's snowing and it's cold.

Llevo mi gorro y mis guantes.
yebo mee **gor**ro ee meess **gwan**-tess
I'm wearing my hat and my gloves.

En invierno...
In the winter...

Los meses
loss **meh**-sess *Months*

enero
en-airo January

febrero
feb-**rairo** February

marzo
martho March

abril
ab**reel** April

mayo
mah-yo May

junio
hoon-yo June

julio
hool-yo July

agosto
ah-**gos**-to August

septiembre
sept-**yem**-breh September

octubre
ok-**too** breh October

noviembre
nob-**yem**-breh November

diciembre
deeth-**yem**-breh December

47

En el zoo
en el thaw — At the zoo

el oso
el <u>osso</u> bear

el león
el leh-<u>on</u> lion

el tigre
el <u>tee</u>-greh tiger

el canguro
el kan-<u>goo</u>-ro kangaroo

la gacela
la gah-<u>thay</u>-la gazelle

la cuidadora
la kooee-tha-<u>thor</u>-a zookeeper (woman)

la tortuga
la tor-<u>too</u>-ga tortoise

48

¡Exploremos!
Let's explore!

el hipopótamo
el eepo-**pot**-tamo *hippopotamus*

el elefante
el ele-**fan**-teh *elephant*

el rinoceronte
el reeno-thair**on**-teh *rhinoceros*

el cocodrilo
el koko-**dree**-lo *crocodile*

la jirafa
la hee-**rah**-fa *giraffe*

el guepardo
el gep-**ard**-o *cheetah*

¿Cuántos árboles ves?
kwan-toss **ar**-boless bess
How many trees can you see?

el loro
el **lor**-o *parrot*

la serpiente
la sairp-**yen**-teh *snake*

el cuidador
el kooee-tha-**thor**
zookeeper (man)

49

En la playa

en la **plah**-ya At the beach

el cielo
el thee-**aylo** sky

LA PLAYA
la **plah**-ya the beach

la arena
la a**reh**-na sand

la sombrilla
la som**bree**-ya beach umbrella

la tabla de surf
la **tabla** deh soorf
surfboard

la crema solar
la **kreh**-ma solar sun cream

la concha
la **kon**cha shell

la pala
la **pah**-la spade

el cubo
el **koo**-bo bucket

50

¡Exploremos!
Let's explore!

el faro
el <u>fah</u>-ro   lighthouse

la gaviota
la gab-<u>yot</u>-a   seagull

la ola
la <u>oh</u>-la   wave

la barca
la <u>b</u>arka   boat

EL MAR
el mar   sea

el alga marina
el <u>a</u>lga mar<u>ee</u>na   seaweed

la roca
la <u>ro</u>kka   rock

el castillo de arena
el kas<u>tee</u>-yo deh ah-<u>ray</u>na   sand castle

El mundo submarino
el <u>moon</u>-doh soob-mar<u>ee</u>no Under the sea

¿Qué color es este?
keh kol-<u>or</u> ess est<u>eh</u>
What colour is it?

Los colores
loss koloress Colours

rojo/roja
<u>ro</u>-ho/<u>ro</u>-ha red

negro/negra
<u>nay</u>-gro/<u>nay</u>-gra black

amarillo/amarilla
am<u>aree</u>yo/am<u>aree</u>ya yellow

naranja
nah-<u>ran</u>-hah orange

marrón
ma<u>ron</u> brown

verde
<u>bair</u>-deh green

violeta
beeo-<u>let</u>-a purple

blanco/blanca
<u>blan</u>-ko/<u>blan</u>-ka white

azul
a<u>thool</u> blue

el coral
el k<u>or</u>al coral

el naufragio
el now-<u>frah</u>-hee-o shipwreck

el cangrejo
el kan<u>greh</u>-ho crab

¡Exploremos!
Let's explore!

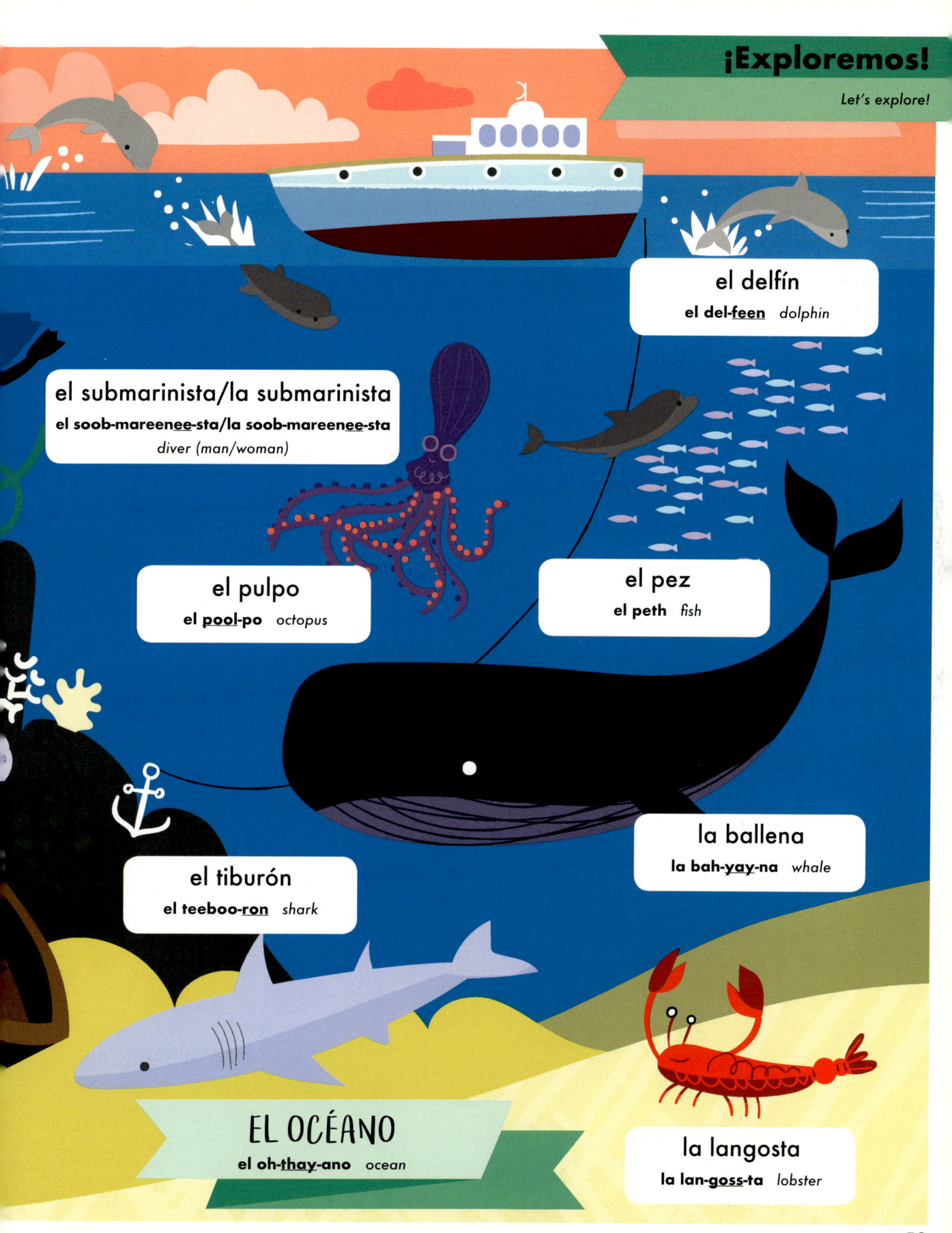

el delfín
el del-**feen**   dolphin

el submarinista/la submarinista
el soob-maree**nee**-sta/la soob-maree**nee**-sta
diver (man/woman)

el pulpo
el **pool**-po   octopus

el pez
el **peth**   fish

la ballena
la bah-**yay**-na   whale

el tiburón
el teeboo-**ron**   shark

EL OCÉANO
el oh-**thay**-ano   ocean

la langosta
la lan-**goss**-ta   lobster

53

En la granja
en la **gran**-ha   At the farm

el campo
el **kam**-poh   field

el burro
el **boo**-ro   donkey

el ternero
el tair-**nairo**   calf

la oveja
la **obeh**-ha   sheep

el granjero
el gran-**hairo**   farmer (man)

el cordero
el kor-**dairo**   lamb

la gallina
la ga-**yeen**-a   hen

el gallo
el **ga**-yo   rooster

el pollito
el po**yee**to   chick

LA GRANJA
la **gran**-ha   farm

¡Exploremos!

Let's explore!

el granero
el gran**air**-o   barn

el caballo
el ka**bah**-yo   horse

el potro
el **potro**   foal

la vaca
la **bah**-ka   cow

el cerdo
el **thair**-do   pig

la granjera
la gran-**haira**   farmer (woman)

el conejo
el kon-**eh**-ho   rabbit

el cerdito
el thair-**thee**-to   piglet

el gato
el **gah**-to   cat

la cabra
la **kah**-bra   goat

el ratón
el rah-**ton**   mouse

55

Word List

A
a lot	mucho
aeroplane	el avión
Africa	África
alarm clock	el despertador
alphabet	el abecedario
ambulance	la ambulancia
angry	enfadado/a
Antarctica	la Antárdida
apple	la manzana
April	abril
arm	el brazo
armbands	los manguitos
armchair	el sillón
Asia	Asia
August	agosto
Australasia	Australasia
autumn	el otoño

B
bakery	la panadería
ball	la pelota
ballet shoes	las zapatillas de ballet
banana	el plátano
barn	el granero
baseball	el beisbol
basketball	el baloncesto
bath	la bañera
bathroom	el cuarto de baño
beach	la playa
beach umbrella	la sombrilla
bear	el oso
bed	la cama
bedroom	la habitación
bench	el banco
bicycle	la bicicleta
big	grande
bin	el cubo de basura
bird	el pájaro
birthday	cumpleaños
biscuit	la galleta
black	negro/a
blonde	rubio/a
blue	azul
boat	la barca
body	el cuerpo
book	el libro
bread	el pan
breakfast	el desayuno
bridge	el puente
broccoli	el brócoli
brother	el hermano
brown	marrón
bucket	el cubo

C
bug hunt	la caza de los insectos
bus	el autobús
but	pero
butcher	la canicería
butter	la mantequilla
cake	el pastel
calendar	el calendario
calf	el ternero
Canada	Canadá
car	el coche
car park	el aparcamiento
card	la tarjeta
carrot	la zanahoria
carry	llevar
castle	el castillo
cat	el gato
caterpillar	la oruga
chair	la silla
cheese	el queso
cheesemonger	el quesero
cheetah	el guepardo
chest of drawers	la cómoda
chick	el pollito
chicken	el pollo
Chile	Chile
chimney	la chimenea
chips	las patatas fritas
chocolate	el chocolate
cinema	el cine
circle	el círculo
classroom	la clase
climb	trepar
clock	el reloj
clothes	la ropa
cloud	la nube
coat	el abrigo
coffee	el café
cold	frío
colouring book	el libro de colorear
colouring pencil	el lápiz de color
colours	los colores
comic	el cómic
computer	el ordenador
continent	el continente
coral	el coral
country	el país
cow	la vaca
crab	el cangrejo
crafts	los trabajos manuales

D
crisps	las patatas
crocodile	el cocodrilo
cup of tea	la taza de té
cupboard	el armario
curly	rizado/a
curtains	las cortinas
cushion	el cojín
dad	el padre
dance	bailar
day	el día
December	diciembre
deer	el ciervo
desk	el escritorio
dinner	la cena
directions	las direcciones
diver (man)	el submarinista
diver (woman)	la submarinista
diving board	el corcho
dog	el perro
doll	la muñeca
dolphin	el delfín
donkey	el burro
door	la puerta
dragon	el dragón
dress	el vestido
duck	el pato

E
ears	las orejas
Earth	la Tierra
eggs	los huevos
eight	ocho
eighteen	dieciocho
elbow	el codo
elephant	el elefante
eleven	once
emotions	las emociones
England	Inglaterra
English	inglés
enough	bastante
Europe	Europa
evening	la tarde
excited	entusiasmado/a
eyes	los ojos

F
fairy	el hada
family	la familia
far	lejos
farm	la granja
farmer (man)	el granjero
farmer (woman)	la granjera
favourite	favorito/favorita
February	febrero
fence	la valla
field	el campo

English to Spanish

fifteen	quince	
finger	el dedo	
fire engine	el camión de bomberos	
fish	el pez	
fishmonger	la pescadería	
five	cinco	
flower	la flor	
foal	el potro	
food	el alimento	
foot	el pie	
football	el fútbol	
football boots	las botas de fútbol	
fork	el tenedor	
four	cuatro	
fourteen	catorce	
fox	el zorro	
Friday	viernes	
fridge	la nevera	
fruit	las frutas	

G
garage	el garaje
garden	el jardín
gazelle	la gacela
giraffe	la jirafa
gloves	los guantes
glue	el pegamento
goat	la cabra
goodbye	adiós
goodnight	buenas noches
grandfather	el abuelo
grandmother	la abuela
grapes	las uvas
grass	el césped
green	verde
green beans	las judías verdes
gymnastics	la gimnasia

H
hair	el pelo
hand	la mano
happy	feliz
hat	el gorro
he	él
head	la cabeza
hedge	el seto
hedgehog	el erizo
hello	buenos días
hen	la gallina
her	ella
here	aquí
hexagon	el hexágono
hi	hola
hide	esconderse
high up	arriba

him	él
Hindi	el hindi
hippopotamus	el hipopótamo
horse	el caballo
hose pipe	la manguera
hospital	el hospital
hot	calor
house	la casa
hug	abrazarse
(be) hungry	tener hambre

I
I	yo
ice cream	el helado
in front of	enfrente
insect	el insecto
inside	dentro

J
January	enero
July	julio
jump	saltar
June	junio

K
kangaroo	el canguro
kitchen	la cocina
kite	la cometa
knee	la rodilla
knife	el cuchillo
knight	el caballero

L
ladder	la escalera
ladybird	la mariquita
lamb	el cordero
language	el idioma
leaf	la hoja
left	la izquierda
leg	la pierna
librarian (woman)	la bibliotecaria
librarian (man)	el bibliotecario
library	la biblioteca
lifeguard (man)	el socorrista
lifeguard (woman)	la socorrista
lighthouse	el faro
lion	el león
lips	los labios
listen!	¡escuchad!
living room	el salón
lobster	la langosta
look!	¡mirad!
long	largo/a
low down	abajo
lunch	el almuerzo

M
Mali	Mali
March	marzo
mashed potato	el puré de patatas
May	mayo
my	mi

meat	la carne
mermaid	la sirena
midday	mediodía
milk	la leche
milkshake	el batido
mirror	el espejo
Monday	lunes
more	más
morning	la mañana
motorbike	la moto
mouse	el ratón
mouth	la boca
mum	la madre

N
near	cerca
nest	el nido
next to	al lado de
nine	nueve
nineteen	diecinueve
no	no
nose	la nariz
November	noviembre

O
ocean	el océano
October	octubre
octopus	el pulpo
on top	sobre
once upon a time	había una vez
one	uno/una
opposites	los contrarios
orange (colour)	naranja
orange (fruit)	la naranja
outside	fuera
oval	el óvalo
oven	el horno
over there	allí
owl	el búho

P
paints	las pinturas
paper	el papel
parrot	el loro
park	el parque
parallelogram	el paralelogramo
party	la fiesta
pasta	la pasta
path	el camino
peach	el melocotón
pear	la pera
pen	el bolígrafo
pentagon	el pentágono
pig	el cerdo
piglet	el lechón
pirate	el pirata
pizza	la pizza
playground	el patio

Word List

police car	el coche de policía	sheep	la oveja	sweets	los caramelos
post office	la oficina de correos	shelf	la estantería	swim	nadar
poster	el póster	shell	la concha	swimming	la natación
present	el regalo	shipwreck	el naufragio	swimming cap	el gorro de piscina
princess	la princesa	shirt	la camiseta	swimming costume	el traje de baño
pull	tirar	shopping basket	la cesta	swimming goggles	las gafas de natación
purple	morado/a	shopping trolley	el carro	swimming lesson	el cursillo de natación
push	empujar	shoulders	los hombros	swimming pool	la piscina
R rabbit	el conejo	shout	gritar	**T** taxi	el taxi
rain	la lluvia	South America	América del Sur	teacher (man)	el maestro
raincoat	el chubasquero	shower	la ducha	teacher (woman)	la maestra
raspberry	la frambuesa	shy	tímido/a	telephone	el teléfono
read	leer	sing	cantar	television	la televisión
rectangle	el rectángulo	sink	el fregadero	ten	diez
red	rojo/a	sister	la hermana	tennis	el tenis
repeat!	¡repetid!	sit	sentarse	them	ellos/ellas
respond!	¡responded!	six	seis	they	ellos/ellas
rhinoceros	el rinoceronte	sixteen	dieciséis	(be) thirsty	tener sed
rhombus	el rombo	skateboard	el monopatín	thirteen	trece
rice	el arroz	skip	saltar a la comba	three	tres
right	la derecha	sky	el cielo	throw	lanzar
river	el río	small	pequeño/a	Thursday	jueves
rock	la roca	snack	la merienda	tiger	el tigre
roof	el tejado	snake	la serpiente	till	la caja
rooster	el gallo	snow	la nieve	time	la hora
rugby	el rugby	soap	el jabón	tired	cansado/a
ruler	la regla	sofa	el sofá	today	hoy
run	correr	spade	la pala	toes	los dedos del pie
running	la carrera	Spanish	español	toilet	el inodoro
S sad	triste	spoon	la cuchara	tomato	el tomate
sand	la arena	sport	el deporte	tomorrow	mañana
sand castle	el castillo de arena	spring	la primavera	too much	demasiado
sandwich	el bocadillo	square	el cuadrado	toothbrush	el cepillo de dientes
Saturday	sábado	squirrel	la ardilla	toothpaste	la pasta de dientes
sausage	la salchicha	stairs	la escalera	tortoise	la tortuga
scarf	la bufanda	stand	estar de pie	towel	la toalla
school	el colegio	star	la estrella	town	la ciudad
scissors	las tijeras	stories	los cuentos	town hall	el ayuntamiento
sea	el mar	storytime	la hora del cuento	train	el tren
seagull	la gaviota	strawberry	la fresa	train station	la estación de tren
seaweed	el alga marina	straight on	todo recto	tree	el árbol
September	septiembre	summer	el verano	triangle	el triángulo
seven	siete	sun	el sol	Tuesday	martes
seventeen	diecisiete	sun cream	la crema solar	tummy	la barriga
shampoo	el champú	Sunday	domingo	turn	girar
share	compartir	supermarket	el supermercado		
shapes	las formas	surprised	sorprendido/a		
shark	el tiburón	surfboard	la tabla de surf		
she	ella	swan	el cisne		
		sweetcorn	el maíz		

English to Spanish

	twelve	doce
	twenty	veinte
	two	dos
U	under	debajo
	underwater	submarino
	unicorn	el unicornio
	(the) United States	los Estados Unidos
	us	nos
V	vegetables	la verdura
	vehicles	los vehículos
W	walk	caminar
	wardrobe	el armario
	wave	la ola
	we	nosotros
	Wednesday	miércoles
	well (feeling)	bien
	wellingtons	las botas de agua
	whale	la ballena
	where	donde
	white	blanco/a
	whiteboard	la pizarra
	wind	el viento
	window	la ventana
	winter	el invierno
	witch	la bruja
	world	el mundo
	worm	el gusano
Y	yellow	amarillo/a
	yes	sí
	yesterday	ayer
	yoghurt	el yogur
	you	tú (single)
	you	usted (formal)
	you	vosotros (plural)
Z	zoo	el zoo
	zookeeper (man)	el cuidador
	zookeeper (woman)	la cuidadora

59

Word List

A
abajo	low down
el abecedario	alphabet
abrazarse	hug
el abrigo	coat
abril	April
la abuela	grandmother
el abuelo	grandfather
adiós	goodbye
África	Africa
agosto	August
al lado de	next to
el alga marina	seaweed
el alimento	food
allí	over there
el almuerzo	lunch
amarillo/a	yellow
la ambulancia	ambulance
América del Sur	South America
la Antártida	Antarctica
el aparcamiento	car park
aquí	here
el árbol	tree
la ardilla	squirrel
la arena	sand
el armario	cupboard
el armario	wardrobe
arriba	high up
el arroz	rice
Asia	Asia
Australasia	Australasia
el autobús	bus
el avión	aeroplane
ayer	yesterday
el ayuntamiento	town hall
azul	blue

B
bailar	dance
la ballena	whale
el baloncesto	basketball
el banco	bench
la bañera	bath
la barca	boat
la barriga	tummy
bastante	enough
el batido	milkshake
el beisbol	baseball
la biblioteca	library
la bibliotecaria	librarian (woman)
el bibliotecario	librarian (man)
la bicicleta	bicycle
bien	well (feeling)
blanco/a	white
la boca	mouth
el bocadillo	sandwich
el bolígrafo	pen
las botas de agua	wellingtons
las botas de fútbol	football boots
el brazo	arm
el brócoli	broccoli
la bruja	witch
buenas noches	goodnight
buenos días	hello
la bufanda	scarf
el búho	owl
el burro	donkey

C
el caballero	knight
el caballo	horse
la cabeza	head
la cabra	goat
el café	coffee
la caja	till
el calendario	calendar
calor	hot
la cama	bed
caminar	walk
el camino	path
el camión de bomberos	fire engine
la camiseta	shirt
el campo	field
Canadá	Canada
el cangrejo	crab
el canguro	kangaroo
la canicería	butcher
cansado/a	tired
cantar	sing
los caramelos	sweets
la carne	meat
la carrera	running
el carro	shopping trolley
la casa	house
el castillo	castle
el castillo de arena	sand castle
catorce	fourteen
la caza de los insectos	bug hunt
la cena	dinner
el cepillo de dientes	toothbrush
cerca	near
el cerdo	pig
el césped	grass
la cesta	shopping basket
el champú	shampoo
Chile	Chile
la chimenea	chimney
el chocolate	chocolate
el chubasquero	raincoat
el cielo	sky
cinco	five
el cine	cinema
el círculo	circle
el cisne	swan
la ciudad	town
la clase	classroom
el coche	car
el coche de policía	police car
la cocina	kitchen
el cocodrilo	crocodile
el codo	elbow
el cojín	cushion
el colegio	school
los colores	colours
la cometa	kite
el cómic	comic
la cómoda	chest of drawers
compartir	share
la concha	shell
el conejo	rabbit
el continente	continent
los contrarios	opposites
el coral	coral
el corcho	diving board
el cordero	lamb
correr	run
las cortinas	curtains
la crema solar	sun cream
el cuadrado	square
el cuarto de baño	bathroom
cuatro	four
el cubo	bucket
el cubo de basura	bin
la cuchara	spoon
el cuchillo	knife
los cuentos	stories
el cuerpo	body
el cuidador	zookeeper (man)
la cuidadora	zookeeper (woman)
cumpleaños	birthday
el cursillo de natación	swimming lesson

D
debajo	under
el dedo	finger
los dedos del pie	toes

Spanish to English

	el delfín	dolphin		febrero	February	
	demasiado	too much		feliz	happy	
	dentro	inside		la fiesta	party	
	el deporte	sport		la flor	flower	
	la derecha	right		las formas	shapes	
	el desayuno	breakfast		la frambuesa	raspberry	
	el despertador	alarm clock		el fregadero	sink	
	el día	day		la fresa	strawberry	
	diciembre	December		frío	cold	
	diecinueve	nineteen		las frutas	fruit	
	dieciocho	eighteen		fuera	outside	
	dieciséis	sixteen		el fútbol	football	
	diecisiete	seventeen	G	la gacela	gazelle	
	diez	ten		las gafas de	swimming	
	las direcciones	directions		natación	goggles	
	doce	twelve		la galleta	biscuit	
	la ducha	shower		la gallina	hen	
	domingo	Sunday		el gallo	rooster	
	donde	where		el garaje	garage	
	dos	two		el gato	cat	
	el dragón	dragon		la gaviota	seagull	
E	él	he		la gimnasia	gymnastics	
	él	him		girar	turn	
	el ciervo	deer		el gorro	hat	
	el elefante	elephant		el gorro de piscina	swimming cap	
	ella	her		grande	big	
	ella	she		el granero	barn	
	ellos/ellas	them		la granja	farm	
	ellos/ellas	they		la granjera	farmer (woman)	
	las emociones	emotions		el granjero	farmer (man)	
	empujar	push		gritar	shout	
	enero	January		los guantes	gloves	
	enfadado/a	angry		el guepardo	cheetah	
	enfrente	in front of		el gusano	worm	
	entusiasmado/a	excited	H	había una vez	once upon a time	
	el erizo	hedgehog		la habitación	bedroom	
	la escalera	ladder		el hada	fairy	
	la escalera	stairs		(tener) hambre	(be) hungry	
	esconderse	hide		el helado	ice cream	
	el escritorio	desk		la hermana	sister	
	¡escuchad!	listen!		el hermano	brother	
	español	Spanish		el hexágono	hexagon	
	el espejo	mirror		hindi	Hindi	
	la estación de tren	train station		el hipopótamo	hippopotamus	
	los Estados Unidos	(the) United States		la hoja	leaf	
	la estantería	shelf		hola	hi	
	estar de pie	stand		los hombros	shoulders	
	la estrella	star		la hora	time	
	Europa	Europe		la hora del cuento	storytime	
F	el faro	lighthouse		el horno	oven	
	favorito/favorita	favourite		el hospital	hospital	
				hoy	today	

	los huevos	eggs
I	el idioma	language
	Inglaterra	England
	inglés	English
	el inodoro	toilet
	el insecto	insect
	el invierno	winter
	la izquierda	left
J	el jabón	soap
	el jardín	garden
	la jirafa	giraffe
	las judías verdes	green beans
	jueves	Thursday
	julio	July
	junio	June
L	los labios	lips
	la langosta	lobster
	lanzar	throw
	el lápiz de color	colouring pencil
	largo/a	long
	la leche	milk
	el lechón	piglet
	leer	read
	lejos	far
	el león	lion
	el libro	book
	el libro de colorear	colouring book
	llevar	carry
	la lluvia	rain
	el loro	parrot
	lunes	Monday
M	la madre	mum
	la maestra	teacher (woman)
	el maestro	teacher (man)
	el maíz	sweetcorn
	Mali	Mali
	la mañana	morning
	mañana	tomorrow
	la manguera	hose pipe
	los manguitos	armbands
	la mano	hand
	la mantequilla	butter
	la manzana	apple
	el mar	sea
	la mariquita	ladybird
	marrón	brown
	martes	Tuesday
	marzo	March
	más	more
	mayo	May
	mediodía	midday

61

Word List

el melocotón	peach
la merienda	snack
mí	my
mi familia	family
miércoles	Wednesday
¡mirad!	look!
el monopatín	skateboard
morado/a	purple
la moto	motorbike
mucho	a lot
el mundo	world
la muñeca	doll

N
nadar	swim
la naranja	orange (fruit)
naranja	orange (colour)
la nariz	nose
la natación	swimming
el naufragio	shipwreck
negro/a	black
la nevera	fridge
el nido	nest
la nieve	snow
no	no
nos	us
nosotros	we
noviembre	November
la nube	cloud
nueve	nine

O
el océano	ocean
ocho	eight
octubre	October
la oficina de correos	post office
los ojos	eyes
la ola	wave
once	eleven
el ordenador	computer
las orejas	ears
la oruga	caterpillar
el oso	bear
el otoño	autumn
el óvalo	oval
la oveja	sheep

P
el padre	dad
el país	country
el pájaro	bird
la pala	spade
el pan	bread
la panadería	bakery
el papel	paper
el paralelogramo	parallelogram
el parque	park
la pasta	pasta
la pasta de dientes	toothpaste
el pastel	cake
las patatas	crisps
las patatas fritas	chips
el patio	playground
el pato	duck
el pegamento	glue
el pelo	hair
la pelota	ball
el pentágono	pentagon
pequeño/a	small
la pera	pear
pero	but
el perro	dog
la pescadería	fishmonger
el pez	fish
el pie	foot
la pierna	leg
las pinturas	paints
el pirata	pirate
la piscina	swimming pool
la pizarra	whiteboard
la pizza	pizza
el plátano	banana
la playa	beach
el pollito	chick
el pollo	chicken
el póster	poster
el potro	foal
la primavera	spring
la princesa	princess
el puente	bridge
la puerta	door
el pulpo	octopus
el puré de patatas	mashed potato

Q
el quesero	cheesemonger
el queso	cheese
quince	fifteen

R
el ratón	mouse
el rectángulo	rectangle
el regalo	present
la regla	ruler
el reloj	clock
¡repetid!	repeat!
¡responded!	respond!
el rinoceronte	rhinoceros
el río	river
rizado/a	curly
la roca	rock
la rodilla	knee
rojo/a	red
el rombo	rhombus
la ropa	clothes
rubio/a	blonde
el rugby	rugby

S
sábado	Saturday
la salchicha	sausage
el salón	living room
saltar	jump
saltar a la comba	skip
(tener) sed	(be) thirsty
sentarse	sit
septiembre	September
la serpiente	snake
el seto	hedge
sí	yes
seis	six
siete	seven
la silla	chair
el sillón	armchair
la sirena	mermaid
sobre	on top
el socorrista	lifeguard (man)
la socorrista	lifeguard (woman)
el sofá	sofa
el sol	sun
la sombrilla	beach umbrella
sorprendido/a	surprised
el submarinista	diver (man)
la submarinista	diver (woman)
submarino	underwater
el supermercado	supermarket

T
la tabla de surf	surfboard
la tarde	evening
la tarjeta	card
el taxi	taxi
la taza de té	cup of tea
el tejado	roof
el teléfono	telephone
la televisión	television
el tenedor	fork
el tenis	tennis
el ternero	calf
el tiburón	shark
la Tierra	Earth
el tigre	tiger
las tijeras	scissors
tímido/a	shy
tirar	pull
la toalla	towel
todo recto	straight on
el tomate	tomato

Spanish to English

	la tortuga	tortoise
	los trabajos manuales	crafts
	el traje de baño	swimming costume
	trece	thirteen
	el tren	train
	trepar	climb
	tres	three
	el triángulo	triangle
	triste	sad
	tú (single)	you
U	el unicornio	unicorn
	uno/una	one
	usted (formal)	you
	las uvas	grapes
V	la vaca	cow
	la valla	fence
	los vehículos	vehicles
	veinte	twenty
	la ventana	window
	el verano	summer
	verde	green
	la verdura	vegetables
	el vestido	dress
	el viento	wind
	viernes	Friday
	vosotros	you
Y	yo	I
	el yogur	yoghurt
Z	la zanahoria	carrot
	las zapatillas de ballet	ballet shoes
	el zoo	zoo
	el zorro	fox

Useful grammar

El or la?

In Spanish, every noun is either masculine or feminine. If it is masculine, use **el** before it. If it is feminine, use **la**. Both **el** and **la** mean **the** in English.

> el puente
>
> la playa

If you want to talk about **a** lake or a river, rather than **the** river, you'll need to use **un** for masculine nouns or **una** for feminine nouns.

> un puente
>
> una playa

If there are two words given in the book then the first ending is the masculine form and the second ending is the feminine form.

> cansado/a

Talking about more than one thing

To talk about more than one noun in Spanish, you can usually just add **s** at the end of the noun like you would in English. You'll also need to use **los** instead of **le** and **las** instead of **la**.

> el pato › los patos
>
> la vaca › las vacas

Instead of **un** or **una**, use **unos** or **unas**, which means some.

> un pato › unos patos
>
> una vaca › unas vacas

Describing words

Adjectives, or describing words, come after the noun in Spanish.

> el gato **negro**

In Spanish, the ending of an adjective changes if you're using it to describe a feminine noun or a plural (more than one) noun.

When you describe masculine nouns, the ending of the adjective usually ends with **o**.

> el pato pequeño

For more than one masculine noun, just add **s**.

> los patos pequeño**s**

To describe feminine nouns, change the ending to an **a**.

> la vaca pequeñ**a**

For more than one feminine noun, add **as**.

> las vacas pequeñ**as**

You will probably notice as you practise that there are a handful of adjectives and nouns that do not follow these rules. If you look closely, you might find some other less common patterns. But generally these rules apply to most words.

If there is only one word for an adjective then the word does not change.

> triste

63

written by Sam Hutchinson & Emilie Martin

illustrated by Kim Hankinson

Spanish adviser: Lola Esquina

Published by b small publishing ltd.
www.bsmall.co.uk
Text & Illustrations copyright © b small publishing ltd. 2018
1 2 3 4 5
ISBN 978-1-911509-81-3
Design: Kim Hankinson   Editorial: Emilie Martin & Rachel Thorpe   Production: Madeleine Ehm
Publisher: Sam Hutchinson
Printed in China by WKT Co. Ltd.

All rights reserved. No reproduction, copy or transmission of this publication may be made without written permission. No part of this publication may be reproduced, stored in a retrieval system or transmitted in any form or by any means, electronic, mechanical, photocopying, recording or otherwise, without the prior permission of the publisher. British Library Cataloguing-in-Publication Data. A catalogue record for this book is available from the British Library.